Léaslíne a Lorg : In Search of a Horizon

Celia de Fréine

Léasline a Lorg : In Search of a Horizon

LÉASLÍNE A LORG : IN SEARCH OF A HORIZON

is published in 2022 by
ARLEN HOUSE
42 Grange Abbey Road
Baldoyle
Dublin 13
Ireland
Email: arlenhouse@gmail.com
arlenhouse.ie

978–1–85132–271–8, paperback

Distributed internationally by
SYRACUSE UNIVERSITY PRESS
621 Skytop Road, Suite 110
Syracuse, NY 13244–5290
Email: supress@syr.edu
www.syracuseuniversitypress.syr.edu

Typesetting by Arlen House

Front cover painting: 'Flying Fox' by Ludmila Korol
is reproduced courtesy of the artist
www.korolart.com

Clár : Contents

do Éabha agus Celia Acca
for Eva and Celia Acca

hace tres días : le trí lá anuas : for three whole days now
que no hay horizonte : níorbh ann do léaslíne : there has been no horizon
– Mario Benedetti

In Search of a Horizon

Léaslíne a Lorg

Advice

It takes time for you to recognise her – Ceres –
even she knows she has strayed from her comfort zone
but the Festival of Cerealia has begun –
a good enough excuse for her to find her way here

to explain that she's aware
you have your own guides in the city,
but has advice to offer, nonetheless:
you have done well while astray
in the fields of drama and prose,

harvested good yields in them,
though she says so herself – in truth,
every field must lie fallow for a while.
That said, it is high time to return to your preferred field
wherever it is to be found in this urban sprawl.

A fertile plot may be located in a wasteland
or at the bottom of a garden – you will know it once
you see it, and once the first sod is turned, poems
will take root as the poppy blooms after a spell of idleness.

Before heading off in a cloud of pollen,
she cautions against the milky sap:
By all means, enjoy the high during harvest,
but do not become addicted to it.

Comhairle

Glacann sé tamall ort a aithint cérb í – Ceres –
is maith is eol di go bhfuil sí ar strae óna sócúlacht
ach tá Féile Cerealia faoi lánseol –
leithscéal sách maith aici a bealach a dhéanamh anseo

le míniú a thabhairt go dtuigtear di go bhfuil
do threoraithe féin agat sa chathair ach gur mhaith léi
comhairle a thairiscint duit, mar sin féin:
gur éirigh go geal leat agus tú ar strae
i ngoirt na drámaíochta is an phróis,

gur bhain dea-fhómhair amach iontu,
cé go n-admhaíonn sí féin é – le fírinne,
is gá gach gort a ligean ina bhán ar feadh scaithimh.
Sin ráite, tá sé thar am filleadh ar do rogha gort,
cibé áit a bhfuil sé le fáil sa tsraoilleáil uirbeach seo.

Féadfaidh tú ceapach mhéith a aimsiú ar thalamh garbh
nó ag bun garraí – aithneoidh tú í a luaithe a fheicfidh tú í,
is a luaithe a chastar an chéad fhód, fréamhóidh dánta
mar a bhláthaíonn an poipín i ndiaidh seal díomhaointis.

Agus í ar tí crochadh léi i gclabhta pailine,
cuireann sí fainic ort faoin sú bainniúil:
Cinnte, bain taitneamh as a bheith ar na ribí
le linn an fhómhair ach ná déan andúileach díot féin.

FACTS

The figures are relentless –
accurate though not definitive
in that they might not indicate
the full extent of the disaster.

A lull might occur one day
when deaths in a nursing home
are not included,
a spike another day that comprises
hospital figures
that stretch back two months.

Each day I skip over
poems that celebrate life
when all it takes
is mention of an anecdote
to animate those lost:

the way he might doff his hat,
the way she loved to go dancing –
dressed in a taffeta gown
and patent leather shoes.

Fíricí

Níl srian le líon na bhfigiúirí –
cruinn gan a bheith críochnúil
mar go bhféadfaí nach dtugann siad
léargas ar mhéid na tubaiste.

D'fhéadfaí go dtarlaíonn ísliú lá
nach gcuirtear básanna
i dteach altranais san áireamh,
ardú lá eile
a gcuimsítear figiúirí ospidéil
a shíneann siar dhá mhí.

Gach lá scinnim thar dhánta
a cheiliúrann an saol
nuair nach nglacann
ach tagairt do scéilín
anam a chur iontu siúd a cailleadh:

an chaoi a dtógadh seisean a hata
an chaoi ar bhreá léise dul ag damhsa –
gúna tafata is bróga snasleathair
á gcaitheamh aici.

Those On-Screen Streets

The streets are calling –
those near empty boulevards
of Christmas long ago
when everyone stayed home
and shop windows flaunted their wares –
ready for the sales to begin.

How I long to inhale that fresh air,
listen to the birdsong,
cut through the expanse –
a fox for companion, perhaps.

One thing I am sure of, however:
as soon as my soles touch
those cobblestones
the crowd will be there before me,
fumes will have invaded the air,
birdsong will have died out,
the fox will have returned
to his lair in the suburbs.

Meanwhile, pears bud in the garden,
clematis wavers on the railings
and the back gate remains locked.

Na Sráideanna Úd ar Scáileán

Tá na sráideanna ag glaoch –
na búlbhaird bhánaithe, nach mór,
mar a bhíodh aimsir Nollag fadó
am ar fhan chuile dhuine sa bhaile
is a ndearna siopaí gaisce as a n-earraí –
réidh le tús a chur leis na sladmhargaí.

Nár bhreá liom an t-aer úr a análú
éisteacht le ceiliúr na n-éan,
gearradh tríd an ollfhairsinge –
madra rua mar chomhluadar agam, seans.

Táim cinnte de rud amháin, áfach:
a luaithe a leagaim boinn mo chos
ar na clocha duirlinge úd
go mbeidh an plód ann romham amach
is seilbh ag múch ar an aer,
go mbeidh ceiliúr na n-éan imithe i léig
is an madra rua tar éis filleadh
ar a bhrocais sna bruachbhailte.

San idirlinn tá piorraí ag bachlú sa gharraí,
cleimeatas ar foluain ar na ráillí
is glas daingean ar an gcúlgheata.

You Know

You know how it feels
to have your health taken from you.
To know you were healthy
before those in whom you trusted –
in whose care you had been placed –
robbed you of your strength.

Not a day goes by you don't
feel the hurt of that loss,
nor imagine the life
you might have led.

Not a day goes by you don't
know it's because you were healthy
that you pulled through

or that you must now trust in those
in whose care you have been placed.

Is Eol Duit

Is eol duit cén chaoi a mbraitheann sé
nuair a sciobtar do shláinte uait.
Nuair is eol duit go raibh tú ar fónamh
sular goideadh do neart acu siúd,
a raibh muinín agat astu,
a raibh tú faoina gcúram.

Ní théann lá tharat nach
mbraitheann tú goin na caille sin,
nó nach smaoiníonn ar an saol
a d'fhéadfadh a bheith agat.

Ní théann lá tharat nach eol duit
gur de bhrí go raibh tú
ar fónamh gur tháinig tú slán

nó gur gá muinín a chur iontu siúd anois
a bhfuil tú faoina gcúram.

Gloom

I haven't taken to the road
since the night my car was totalled.

Today I sit into the one
bought in its place –
that hasn't made a journey since –

turn the key in the ignition
to charge the battery
for an on-the-spot trip.

I slide my Mother's Day disk
into the state-of-the-art sound system,
listen as Leonard Cohen says:

You Want it Darker

Gruaim

Níor chuir mé chun bóthair
ón oíche ar scriosadh mo charr.

Inniu suím isteach sa cheann
a ceannaíodh ina áit –
nach ndearna turas riamh ó shin.

Casaim eochair na hadhainte
le beocht a chur sa bhataire
don aistear ar an láthair.

Sleamhnaím diosca Lá na Máithreacha
sa chóras fuaime is deireanaí.
Éistim fad a deir Leonard Cohen:

You Want it Darker

CD
Track 1
No title
Text
List
CD IN
RPT
RDM
MODE
SETUP
ENTER
VOL+
VOL−

Symbol of Hope

Who would have thought the Olympic Torch
kindled by the sun's rays in Olympia
would be stopped in its tracks –

that instead of travelling
through Greece and Japan,
would be held for a year in Tokyo?

Though it may remain a symbol of hope,
let us not forget that other torch
as it made its way to Beijing

and we spoke of *June* in many tongues,
our words connecting in a relay
to honour the poet being held for ten years.

It is said that hope burns in each
of the five petals in the Tokyo Torch,
that each has been carved from material

once used to rebuild lives.
Before that can happen again
candles are lit

in windows and doorways across the world –
each a tiny flicker in a relay of light
to honour those on whom we depend

to bring us to that new future
in which the Tokyo Torch
may resume its journey.

Comhartha Dóchais

Cé a cheapfadh go bhfágfaí ina staic
an Tóirse Oilimpeach a fadaíodh
le gathanna na gréine in Oilimpia –

go mbeadh sé á choinneáil ar feadh bliana i dTóiceo
in ionad dul ar camchuairt trí chathracha
na Gréige is na Seapáine?

Agus cé go bhfanfaidh sé ina chomhartha dóchais,
ná ligimis i ndearmad an tóirse eile
a bhealach á dhéanamh aige go Béising

am ar labhair muid faoi *Meitheamh* san iliomad teangacha,
ár bhfocail ag cruthú aistear sealaíochta
in onóir an fhile a bhí á choinneáil ar feadh deich mbliana.

Deirtear go ndónn dóchas i ngach ceann
de chúig pheiteal Thóirse Thóiceo,
gur sníodh gach ceann acu as ábhar

a chuidigh le saolta a atógáil tráth.
Sula bhféadfadh a leithéid tarlú in athuair
ceiliúraimis na coinnle atá ar lasadh

i bhfuinneoga agus i ndoirse ar fud an domhain –
gach ceann acu mar lasair i sealaíocht solais
ina n-onóir siúd a bhfuilimid ag brath orthu

muid a thionlacan chuig an todhchaí úr úd
ina mbeidh Tóirse Thóiceo
in ann a aistear a atosú.

Disease Knows No Border

The authorities fail to agree.
Different rules are introduced
North and South.
Disease spreads.

As lives are lost
street artists take to the walls
covering balaclavas with masks,
combats with scrubs.

Stacks of pallets collected for bonfires
are rearranged
to create the letters NHS.

According to the vox pop,
the disease has done
for the people of the North
what the Good Friday Agreement
failed to achieve.

Ní Aithníonn Galar Teorainn

Teipeann ar na hÚdaráis teacht ar chomhaontú.
Cuirtear rialacha éagsúla i bhfeidhm
ó Thuaidh is ó Dheas.
Leathann galar.

De réir mar a chuirtear daoine den saol
tugann ealaíontóirí sráide faoi na ballaí
ag clúdach balaclávaí le maisc,
éadaí airm le cultacha máinliachta.

Atheagraítear cairn phailléad
a bailíodh do thinte cnámh
leis na litreacha NHS a chruthú.

De réir ghuth an phobail,
gur éirigh leis an ngalar
a bhaint amach do mhuintir an Tuaiscirt
nár éirigh le Comhaontú Aoine an Chéasta
a chur i gcrích.

WARDROBE

A gust of wind blows into the room
rousing the dresses
bought for events
now cancelled.

Skirts billow,
sleeves fill with air,
reach out and fondle you,
letting you know they are waiting,

that they will do
for future events,
that your wardrobe is full.

Vardrús

Séideann gusta gaoithe isteach sa seomra
ag múscailt na ngúnaí
a ceannaíodh i gcomhair imeachtaí
a cuireadh ar ceal.

Corraíonn sciortaí,
líonann muinchillí le haer,
ag síneadh amach dod mhuirniú
lena chur in iúl go bhfuil siad ag fanacht,

go ndéanfaidh siad cúis
i gcomhair imeachtaí eile amach anseo,
go bhfuil do vardrús lán.

LOST

You remember how he left you on the ground
when you tripped on your seventh birthday,
how he forbade you go on the school tour,
never settled your book bill in time.

You imagine what it would have been like
to visit him on his deathbed,
feel his bony hand clasp yours,
draw you towards him that he might
whisper with his last breath
how he wanted to apologise:

he knew what he had done was wrong –
sins of omission are greater
in that they take guile to commit –
he would give you a fresh start
by leaving you his wealth.

You know you would have refused his bequest:
told him you'd prefer
he left it to the animal sanctuary.
The satisfaction that would have given him
is as nothing to that which you feel now.

Ar Iarraidh

Is cuimhin leat an chaoi ar fhág sé ar an talamh thú
nuair a baineadh tuisle asat ar do sheachtú breithlá,
an chaoi ar choisc sé ort dul ar an turas scoile,
nár íoc do bhille leabhar ariamh in am.

Samhlaíonn tú an chuairt a d'fhéadfá
a thabhairt air ar leaba a bháis,
a lámh chnámhach a bhrath i do lámhsa,
dod tharraingt chuige le go ndéarfadh sé
i gcogar, an anáil á thréigean,
gur theastaigh uaidh leithscéal a ghabháil leat:

gurbh eol dó go ndearna sé éagóir ort –
gur measa peacaí na faillí
mar gur gá gliceas chucu –
go gcuirfeadh sé ar do chumas tosú as an nua
trína chuid maoine a fhágáil agat.

Is eol duit go ndiúltófá a thiomnacht:
go ndéarfá leis gurbh fhearr leat
go bhfágfadh sé ag tearmann na n-ainmhithe í.
Ní fiú tada an sásamh a thabharfadh sé sin dó
i gcomparáid leis siúd a bhraitheann tú anois.

In Search of a Horizon

For three whole months now
there has been no sighting of the sea
apart from waves of longing that lap
on the rocks in your mind's eye.

You want to see as far
as the horizon.
You want to swim towards it,
though you would never reach it.

Even so, you know
it is the journey itself that counts –
the easing your body
into the chill-comfort of water,

bringing you back to the beginning
when the war was over
and you didn't know what it was to worry.

LÉASLÍNE A LORG

Spléachadh ar an bhfarraige
ní bhfuair tú le trí mhí anuas
seachas tonnta na dúile cab ar chab
le carraigeacha do shamhlaíochta.

Ba bhreá leat breathnú chomh fada
leis an léaslíne.
Ba bhreá leat snámh ina treo,
cé go dtuigtear duit
nach mbainfeá amach choíche í.

Fós féin, is eol duit
gurb é an t-aistear as féin is tábhachtaí –
do chorp a ligean anuas
faoi shó-fhuacht an uisce,

tú á tabhairt ar ais chuig an tús
am a raibh an cogadh thart
is nach raibh lá buartha ort.

My Carbon Footprint

for Celia Acca

Never in my wildest dreams
did I imagine I'd visit so many countries,
make friends abroad,
write books about my adventures.

The time has come to make amends:
ensure my attendance at conferences is virtual,
my poetry readings take place online.
I shall throw kisses from server to server
that land, sanitised, on colleagues' cheeks.

More than that, I shall bind my travel feet
with yards of restraint,
to limit my movements, apart from
when it comes to visiting you, my love.

In the meantime I shall imagine myself step
onto the Roman Bridge,
allow the scent of wild mint guide me
as far as the back meadow of La Balestra.

Mo Lorg Carbóin

do Celia Acca

Ní chreidfinn choíche ná go deo
go dtabharfainn cuairt ar an oiread sin tíortha,
go gcruthóinn cairdeas thar lear,
go scríobhfainn leabhair faoi m'eachtraí.

Anois tá sé in am cúiteamh a dhéanamh:
freastal go fíorúil ar chomhdhálacha,
mo chuid filíochta a léamh ar líne,
póga a shéideadh ó fhriothálaí go friothálaí
le leaindéil, díghalraithe, ar leicne comhghleacaithe.

Níos mó ná sin, fáiscfidh mé slata srianta
ar mo chosa taistil le bac a chur
ar mo ghluaiseachtaí, ach amháin
nuair a thabharfaidh mé cuairt ortsa, a stór.

Idir an dá linn samhlóidh mé go bhfuilim ag leagan cos
ar an Droichead Rómhánach
ag ligean do bholadh an mhismín fhiáin
mé a threorú chomh fada le cúlchluain La Balestra.

An Ability Such as This

Sometimes when watching television
you smell the odour from the location
in which the onscreen event unfolds –
be it the brine in waves crashing
against a breakwater,
or the garbage in a back alley
where a young woman has been murdered.

You thought you were losing your mind
until you mentioned your strange facility
to a friend and he confided
that one sense can often awaken another.

Anytime it has happened since
you have tried to understand each image,
and each time have managed to find
a connection betweeen what you smell
onscreen and an event in your past.

However, when next you meet your friend
you may draw him aside to discuss how is it
you can smell the freshly-sawn pine
in the coffins that hold the unclaimed bodies
about to be buried
three deep in rows of two
by men in hazmat suits on Hart Island?

It is unlikely, though, that either of you
will come up with a satisfactory answer.

A Athghin Seo de Chumas

Scaití agus tú ag breathnú ar an teilifís
bolaíonn tú an boladh ón ionad
ina bhfuil an t-imeacht ar scáileán ag tarlú –
is cuma más é an sáile sna tonnta
ag greadadh i gcoinne muirmhúir
nó an dramhaíl i gcaolsráid,
áit ar dúnmharaíodh ógbhean.

Cheap tú go raibh tú ag dul as do mheabhair
gur luaigh tú do chumas aisteach le cara
is gur admhaigh seisean gur minic le céadfá amháin
an dara ceann a mhúscailt.

Agus aon uair a tharla sé ó shin
rinne tú iarracht gach íomhá a thuigbheáil
agus gach uair d'éirigh leat nasc
a aimsiú idir a bhfuil á bholú agat ar scáileán
agus imeacht a bhain duit san am atá thart.

Seans, áfach, go dtarraingeoidh tú do chara i leataobh
nuair a chasfar ar a chéile sibh arís le labhairt
faoin gcaoi a bhfuil tú in ann an péine úrghearrtha,
sna cónraí, ina bhfuil na corpáin nár éilíodh
atá fir i gcultacha dianchosanta
ar tí a adhlacadh trí cinn os cionn a chéile
i sraitheanna dúbalta ar Oileán Hart, a bholú?

Ní dócha, áfach, go mbeidh ceachtar agaibh
in ann teacht aníos le freagra sásúil.

A Giant Step on Behalf of the Elderly

At last you step over the threshold,
crossing from the safety of home
to the great outdoors.

You head for the park
during the time allocated to you
and are surprised to see
that everyone has become younger –
their skin is smooth, their limbs supple.

You imagine that you too
have returned to your childhood,
watch as your Oxford brogues
transform to stilleto heels,
to platform shoes, Greek sandals,
gutties, stretching all the way back

to the days of those whitewashed boots
your mother would leave
on the windowsill to dry
before allowing you out to play.

Céim Ollmhór ar a Son Siúd atá Críonna

Ar deireadh leagann tú cos thar an tairseach,
ag bogadh ó shábháilteacht an bhaile
go dtí an saol mór amuigh faoin spéir.

Déanann tú ar an bpáirc
le linn na tréimhse atá dlite duit
is tagann iontas ort ar a fheiceáil duit
go bhfuil chuile dhuine tar éis dul in óige –
go bhfuil a gcraiceann mín, a ngéaga solúbtha.

Athshamhlaítear laethanta d'óige duit
is breathnaíonn mar a chlaochlaíonn
do bhróga Oxford ina sála stílín,
ina mbróga bonnarda, cuaráin Ghréagacha,
bróga peirce, ag síneadh siar chomh fada

le laethanta na mbuataisí aoldaite
a d'fhágadh do mháthair
ar leac na fuinneoige le triomú
sula dtugadh sí cead duit dul amach ag súgradh.

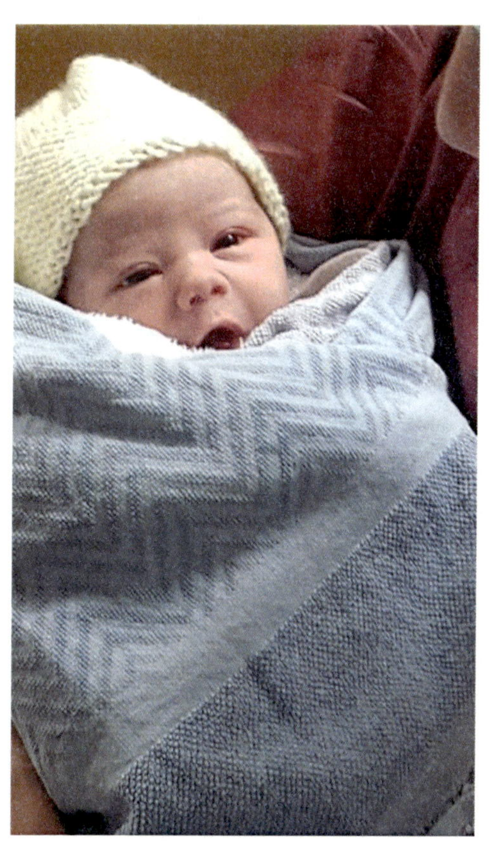

EVA : MEANING OF LIFE

for Eva

Sweeping the floor I come across a feather –
small as a snip from a thumbnail –
and rather than whisk it into the scoop,
I scoop it into my pocket,
ask myself where it has come from
during the days we wait for you.

The signs are remarkable:
basking sharks frolic off the west coast,
orca whales forage in Strangford Lough,
swans glide along a canal in Venice –
all testing the waters, as it were,
before you swim ashore.

There is talk of a generic title for children
born at this time –
the C-Generation has been mooted –
whether or not this happens
when it comes to naming you,
Eva – meaning of life – works for me.

And when your first cry is heard
rising above the rooftops,
I realise it was your guardian angel
who sent the snip of feather floating down –
she who will stay by your side long after the swans,
sharks and orca whales have headed off.

Éabha: Brí na Beatha

do Éabha

An t-urlár á scuabadh agam tagaim ar chleite –
chomh beag le gearrthóg ionga ordóige –
agus in ionad é a scaobadh isteach sa scúp
sciobaim isteach im phóca é,
ag fiafraí díom féin cá has a dtáinig sé
sna laethanta a bhfuilimid ag fanacht leat.

Is suntasach na tuartha:
liamháin ghréine ag spraoi ar an gcósta thiar,
cránacha dubha ag tóraíocht bia i Loch Cuan,
ealaí ag sní thar chanáil sa Veinéis –
mar a bheidís uile ag triail na n-uiscí
sula snámhann tú i dtír.

Tá caint ar theideal cineálach a thabhairt
ar leanaí a bheirtear le linn an ama seo –
moladh an C-Ghlúin –
is cuma cé acu a ghlactar, nó nach nglactar leis sin,
déanfaidh Éabha – brí na beatha – cúis domsa
chomh fada is a bhaineann sé le hainm a leagan ort.

Agus nuair a chloistear do chéad bhéic
ag éirí ó cheann chuile aird,
tuigtear dom gurbh í d'aingeal coimhdeachta
a chuir an ghearrthóg chleite ar snámh ar an aer –
ise a fhanfaidh le do thaobh i bhfad tar éis do na healaí,
na liamháin ghréine is na cránacha dubha crochadh leo.

Because your Forebears Died of Hunger in a Land of Plenty

When you wheel your trolley down
the supermarket aisle on a day when flour
is sold out and there has been a run on pasta,

you hear the voice of the girl –
who gave her share that a younger sister might live –
advise you not to panic.

Later, it is the sister who survived who whispers:
don't throw that out, it'll keep till morning.
And at Christmas, your cupboard fit to burst,

your table piled high with delicacies, the girls'
mother may suggest – *another potato? more*
gravy? a slice of ham? There's plenty in it.

Toisc gur Bhásaigh do Shinsir den Ocras i dTír na Flúirse

Do thralaí á bhrú síos pasáiste ollmhargaidh agat
lá a bhfuil plúr díolta amach
is an-éileamh go deo ar phasta,

cloiseann tú guth an chailín –
a thug a cuidse le go mairfeadh a deifiúr ní b'óige –
ag moladh duit guaim a choinneáil ort féin.

Níos deireanaí, is í an deirfiúr a tháinig slán
a deir leat i gcogar: *Ná caith é sin amach,*
mairfidh sé go maidin. Agus um Nollaig, am a bhfuil

do chófra ar tí pléascadh, sólaistí go barra bachall
ar do bhord, seans go molfaidh máthair na gcailíní –
práta eile? tuilleadh súlaigh? slios liamháis? Tá dóthain ann.

Turquoise

I own a turquoise ring. That holds in its memory a visit to a shop in New London. And during that visit, a conversation with the owner. In which she told me it had been made by a Navajo. That its gem could be found in only a few places on earth. Where groundwater seeps down and reacts with certain minerals to create turquoise. A gem treasured for centuries by Native Americans. Renowned for its strength and ability to promote positive energy.

There was no need for the hard sell – I was already in love with the ring. And during the years since, would often think of the person who had created it. Moulded the gem. Crafted its fine setting. Engraved the coyote on its silver band.

The Navajo were known to me as one of the tribes driven from the lands of their forebears and now re-settled on those same lands. Though I didn't know until recently that many of them suffer from genetic illnesses and that many of these live in overcrowded unsanitary conditions. Conditions conducive to the spread of Covid-19. And sure enough, the figures of those lost, as issued from Window Rock, the lands' capital, are the highest per capita in the United States.

As though the disease had pulled on the skin of a wolf becoming a skin-walker that stalks the community. Scattering corpse powder as it goes. Whittling away at the population. Just as the elements had eroded the sandstone to create the gap that gives the capital its name.

TURCAID

Is liom fáinne turcaide. A choinníonn ina chuimhne cuairt ar shiopa i Nua-Londain. Agus le linn na cuairte sin, comhrá leis an úinéir. Inar inis sí dom gur Navachóch a rinne é. Go raibh an tseoid le fáil i bhfíorbheagán áiteanna ar domhan. Ina shileann screamhuisce anuas, ag imoibriú le mianraí áirithe le turcaid a chruthú. Seoid a bhfuil luach leagtha ag Bundúchasaigh Mheiriceá uirthi leis na cianta. A bhfuil clú uirthi i ngeall ar a neart is an chaoi a bhfuil sí in ann fuinneamh dearfach a scaipeadh.

Ní raibh gá ar bith leis an teanndíol – bhí mé i ngrá leis an bhfáinne cheana féin. Agus thar na blianta, ba mhinic liom smaoineamh ar an duine a chruthaigh é. A mhúnlaigh an tseoid. A shárshnoigh leaba di. A ghrean an chadhóit ar a banda airgid.

B'eol dom gurbh iad na Navachóigh ceann de na treibheanna a díbríodh as tailte a sinsear, atá athlonnaithe sna tailte céanna anois. Cé nach raibh a fhios agam go dtí seo go bhfuil cuid mhaith acu ag fulaingt le breoiteachtaí ó dhúchas is go bhfuil cuid mhaith acu siúd ina gcónaí i ndálaí róphlódaithe sláintíochta. Dálaí atá fabhrach do leathnú Covid-19. Agus go deimhin féin, tá na figiúirí a d'eisigh Carraig na Fuinneoige, príomhchathair an tearmainn, ar na cinn is measa in aghaidh an duine sna Stáit Aontaithe.

Díreach mar a bheadh an aicíd tar éis craiceann mic tíre a tharraingt uirthi féin is dul i riocht seithe-shiúlóra. Leis an bpobal a stácáil. Ag croitheadh púdar corpáin de réir mar a ghearrann sé tríothu. Ag laghdú an daonra faoi mar a chreim na dúile gaineamhchloch na carraige leis an mbearna óna bhfaigheann an phríomhchathair a hainm a chruthú.

Practical help as well as positive energy were required to heal those who had become ill. Groundwater seeped through an Irish consciousness, reacting to the minerals of memory. A window opened on past generosity and the world learned the names of those who contributed to the GoFundMe campaign: O'Neill, O'Leary, Burke, Hanrahan.

Bhí cúnamh praiticiúil mar aon le fuinneamh dearfach ag teastáil le cuidiú leo siúd a bhí tar éis éirí tinn. Shil screamhuisce trí mhothú Éireannach, ag imoibriú le mianraí na cuimhne. D'oscail fuinneog ar sheanfhlaithiúlacht agus d'fhoghlaim an domhan a n-ainmneacha siúd a chuidigh leis an bhfeachtas GoFundMe: Ó Néill, Ó Laoghaire, De Búrca, Ó hAnnracháin.

Griffis Art Center

When all this is over, how will we celebrate those lowly-paid, inadequately-clad workers who risked their lives while looking after the ill and dying? A way in which to answer that question might be to examine our society through the lens of another. One that existed one hundred years ago when lords were lords, butlers butlers and everyone in the household knew his or her place. And though the lord, born into a life of privilege, was master of all he surveyed, it was the butler who, by dint of ingenuity, was in charge.

Imagine one such household were taken from their comfortable life when the noble yacht on which they, their lord and butler, was shipwrecked. And the ocean swallowed all notions of class in the tangled net of survival. You won't be surprised to learn it was the butler who came to the fore among the castaways, and that the others came to rely on him on the island they were to inhabit. To kow-tow to him, in fact. Until the day they were rescued and returned home.

It wasn't long, however, before all involved in the maritime adventure came to realise it was impossible to return to their former way of life. And the butler had no option but to leave the household he had served since his youth, the pearls he had harvested when castaway clapsed in his fist.

Imagine, when all this is over, were we to examine our society through the lens of another. Were we to go a step further and imagine a society in which each saviour were able to earn his or her just reward: were a foreign oganism, in the guise of recognition-for-work-done, to enter the mollusc of disdain, perhaps a layer of nacre might form to protect it and result in a pearl of lesson-learned. Were other positive organisms to enter the molluscs of shortcomings, other pearls might be formed, creating a cluster of pearls to upend the *status quo*.

Caoi leis an Ord Tábhachta a Chaitheamh i dTraipisí?

Nuair a bheidh sé seo uile thart, cén chaoi a ndéanfar ceiliúradh ar na hoibrithe úd ar phá íseal, gléasta go heasnamhach, a chuir a mbeatha féin i mbaol ar mhaithe le haire a thabhairt do na heasláin agus dóibh siúd a bhí ag fáil bháis? Seans go bhféadfaí ár sochaí a scrúdú trí lionsa ceann eile leis an gceist sin a fhreagairt. Ceann a mhair os cionn céad bliain ó shin, am ar thiarnaí iad na tiarnaí, ar bhuitléirí iad na buitléirí, agus arbh eol do chuile dhuine sa teaghlach a áit nó a háit chuí. Agus cé gur de phór uasal é an tiarna, a bhí ina mháistir ar a raibh timpeall air, ba é an buitléir a bhí i gceannas i ngeall ar a sheiftiúlacht.

Samhlaigh a leithéid de theaghlach a sciobadh as a shaol compordach am a ndeachaigh an luamh mhaorga ar a raibh siadsan, an tiarna agus an buitléir, go tóin poill. Agus ar shlog an t-aigéan chuile nóisean den aicme in eangach aimhréidh an mharthanais. Ní hiontas ar bith duit a fhoghlaim gurbh é an buitléir a tháinig chun cinn i measc na ndaoine longbhriste, is go ndeachaigh a chompánaigh i dtaithí ar a bheith ag brath air ar an oileán ina gcuirfidís fúthu. Agus, le fírinne, ar an gcaoi le lútáil air. Chomh fada leis an lá ar tarrtháladh iad is ar fhill siad ar a mbaile.

Níorbh fhada, áfach, gur léir dóibh siúd a bhí páirteach san eachtra mhuirí, nach raibh siad in ann filleadh ar a seansaol. Agus ní raibh an dara rogha ag an mbuitléir ach an teaghlach a ndearna sé seirbhís air ó bhí sé ina ógánach a thréigean, na péarlaí a shábháil sé agus é longbhriste ina ghlac aige.

Samhlaigh nuair a bheidh sé seo uile thart dá scrúdóimis ár sochaí trí lionsa ceann eile. Dá bhféadfaí céim eile a ghlacadh agus sochaí a shamhlú ina mbeadh sé de chumas

It is then we might stand in a relay of thunderous applause to celebrate a future normal in which all lowly-paid, inadequately-clad workers, who risk their lives while looking after the ill and dying, receive their just reward.

ag chuile shlánaitheoir luach a shaothair, nó a saothair, a thuilleamh: dá snífeadh orgánach iasachta, i riocht aitheantas-as-an-obair-a-rinneadh, isteach i moileasc an dímheasa, seans go gcruthófaí sraith néamhann lena chosaint is go ndéanfaí péarla an cheachta fhoghlamtha de. Dá snífeadh orgánaigh dhearfacha eile isteach i moilisc na n-easnamh, seans go ndéanfaí péarlaí díobhsan, ag cruthú cnuasach péarlaí leis an *status quo* a iompú bunoscionn.

Is ansin a d'féadfaimis seasamh i sealaíocht ghártha molta le ceiliúradh a dhéanamh ar thodhchaí úrnua ina mbronnfar luach a saothair ar na hoibrithe úd ar phá íseal, gléasta go heasnamhach, a chuireann a mbeatha féin i mbaol ar mhaithe le haire a thabhairt do na heasláin agus dóibh siúd atá ag fáil bháis.

For Future Generations

When you read this you may wonder
why I am writing about a pandemic
consigned to the history books.

Stories exist behind the headlines,
however, and I'd like to share some
of these with you that you might want

to reach back across the years as I did
when, as a young woman, I went to see
a sequence of miracle plays and felt

I should warn the actors that they were
spreading plague from town to town.
While we know it is impossible to reach

back, imagining we can do so is
perhaps one way to handle that which
is beyond our control. Another

is to look forward, plan events.
Sometimes all we have are stories
and the need to share them.

Do na Glúnta atá le Teacht

Nuair a léifidh sibh é seo seans go mbeidh
iontas oraibh go bhfuilim ag scríobh faoi phaindéim
nach maireaann di ach cuntais sna leabhair staire.

Is ann do scéalta taobh thiar de na ceannlínte,
áfach, agus is mian liom cuid acu a roinnt leat
le go dteastódh uait síneadh siar thar na cianta

mar a rinne mise, am a ndeachaigh mé chuig
dornán drámaí míorúilte, mé im ógbhean,
is ar bhraith mé gur chóir foláireamh a thabhairt

do na haisteoirí go raibh plá á scaipeadh acu
ó bhaile go baile. Cé go dtuigimid
go bhfuil sé dodhéanta síneadh siar,

seans gur trí shamhlú gur féidir
é a dhéanamh, bealach amháin le déileáil
leis siúd nach bhfuil smacht againn air.

Bealach eile breathnú chun tosaigh,
imeachtaí a phleanáil. Scaití ní bhíonn againn
ach scéalta is an gá iad a roinnt.

I am grateful to the Arts Council/An Chomhairle Ealaíon for the Covid-19 Crisis Response Award which enabled me to complete this sequence of poems during the first wave of the pandemic. As the opening poem 'Comhairle : Advice' suggests the work indicates a return to poetry after time spent in the fields of drama and prose, prompted, in part, by the imagined appearance of Ceres, Goddess of Agriculture.

Many themes are explored in the poems, including the Anti-D Scandal in which over sixteen hundred women in Ireland, including me, contracted Hepatitis C through the gross negligence of a government agency. The poems 'Is Eol Duit : You Know' and 'Do na Glúnta atá le Teacht : For Future Generations' reference my book on the subject, *Fiacha Fola* (Cló Iar-Chonnacht, 2004) and its English translation, *Blood Debts* (Scotus Press, 2014).

During lockdown an advertisement in a newspaper, seeking the statutory heiress to an estate, caught my eye. I was intrigued as to why a woman would want to hide from her family. While there were many possible answers, I opted for the one which I develop in 'Ar Iarraidh : Lost'.

In the midst of so much loss of life, our family was delighted to announce the birth of our granddaughter, Eva, as celebrated in the poem 'Éabha : Brí na Beatha / Eva : Meaning of Life'. Eva's joyous arrival brought into focus how much we missed our other granddaughter, Celia Acca, who lives in Sardinia. In 'Mo Lorg Carbóin : My Carbon Footprint' I revisit an earlier poem 'Boladh an Mhismín Fhiáin : The Scent of Wild Mint' from *Aibítir Aoise : Alphabet of an Age* (Arlen House, 2011) and explore my attitude to future travel in the context of the Chinese custom of foot binding.

Many of the poems describe everyday life during lockdown – a good experience in that I had company, I had provisions. However, my lack of freedom of movement is reflected in 'Na Sráideanna Úd ar Scáileán : Those On-Screen Streets', 'Gruaim : Gloom' and 'Léaslíne a Lorg : In Search of a Horizon'.

Gabhaim buíochas leis an gComhairle Ealaíon as an Dámhachtain i bhFreagairt ar Ghéarchéim Covid-19 a chuir ar mo chumas an tsraith dánta seo a chur i gcrích le linn chéad ráig na paindéime. Faoi mar a thugann an chéad dán, 'Comhairle : Advice' le fios, is comhartha é an saothar seo go bhfuil mé ag filleadh ar an bhfilíocht tar éis dom seal a chaitheamh i ngoirt na drámaíochta is an phróis, spreagtha, go pointe, ag taispeánadh samhailteach Ceres, Bandia na Talmhaíochta.

Sna dánta déantar an iliomad téamaí a iniúchadh, ina measc an Scannal Frith-D, inar tholg os cionn míle sé chéad bean in Éirinn, mise ina measc, Heipitíteas C mar thoradh ar ollfhaillí gníomhaireacht rialtais. Tagraíonn na dánta 'Is Eol Duit : You Know' agus 'Do na Glúnta atá le Teacht : For Future Generations' don leabhar ar an ábhar sin *Fiacha Fola* (Cló Iar-Chonnacht, 2004) agus a aistiriúchán Béarla *Blood Debts* (Scotus Press, 2014).

Le linn dom bheith faoi dhianghlasáil tharraing fógra i nuachtán, a bhí ag lorg mná a bhí in inmhe oidhreachta, m'aird. Ábhar iontais dom cén fáth a mbeadh bean ag iarraidh í féin a cheilt óna muintir. Cé go bhféadfaí go leor freagraí a thabhairt air sin, roghnaigh mé an ceann a fhorbraím in 'Ar Iarraidh : Lost'.

Agus an oiread sin daoine á gcur den saol, ba chúis ollmhór áthais dár dteaghlach breith ár ngariníne Éabha a fhógairt, faoi mar a cheiliúrtar sa dán 'Éabha: Brí na Beatha : Eva : Meaning of Life'. Tharraing a teacht gliondrach aird ar an gcaoi ar airigh muid uainn ár ngariníon eile, Celia Acca, a bhfuil cónaí uirthi sa tSairdín. In 'Mo Lorg Carbóin : My Carbon Footprint' tugaim athchuairt ar an dán 'Boladh an Mhismín Fhiáin : The Scent of Wild Mint' (*Aibítir Aoise: Alphabet of an Age*, Arlen House, 2011) agus déanaim iniúchadh ar mo dhearcadh i leith taistil amach anseo i gcomhthéacs an nóis Shínigh srianta a cheangal le cosa chun iad a fháisceadh.

Déanann roinnt mhaith dánta cur síos ar an saol laethúil le linn na dianghlasála. Dea-eispéireas a bhí agam, ar an iomlán:

'Céim Ollmhór ar a Son Siúd atá Críonna : A Giant Leap on Behalf of the Elderly' takes a satiric look at my first visit to our local park, during the time designated for seniors, only to find it full of young people.

'Comhartha Dóchais : Symbol of Hope', concerning the Tokyo Olympic Torch, references the poem 'June' by Shi Tao who was in prison during the time the Olympic Torch travelled to Beijing in 2008. 'Meitheamh', my Irish language translation of 'June' from *Aibítir Aoise : Alphabet of an Age* (Arlen House, 2011), formed part of a virtual relay of translations, organised by International PEN, to coincide with the movement of the torch.

'Toisc gur Bhásaigh do Shinsir den Ocras i dTír na Flúirse : Because your Forebears Died of Hunger in a Land of Plenty' suggests the spectre of the Famine never leaves us and may, in part, explain the pressure to panic buy. 'Turcaid : Turquoise' investigates the plight of the Navajo, recalling how Native Americans raised funds for the Irish during the Famine. 'Ní Aithníonn Galar Teorainn : Disease Knows No Border' takes a look at the situation in Northern Ireland as reported in the media at the time.

'Caoi Leis an Ord Tábhachta a Chaitheamh i dTraipisí? : A Way in which to Overturn the Pecking Order?' explores how change for the better might be possible when the pandemic is over. It is, in part, influenced by *The Admirable Crichton*, a 1902 play by J M Barrie, made into a film in 1957, which takes a comic look at the English class system.

'Turcaid : Turquoise' and 'Caoi Leis an Ord Tábhachta a Chaitheamh i dTraipisí? : A Way in which to Overturn the Pecking Order?' could be described as prose poems. Perhaps they are flash fiction. Either way, I hope that they, along with the other poems, give an insight into life during the first wave of the Covid 19 pandemic.

bhí comhluadar agam; bhí soláthairtí agam. Déantar plé ar an easpa saoirse gluaiseachta, áfach, in 'Na Sráideanna Úd ar Scáileán : Those On-Screen Streets', 'Gruaim : Gloom' agus 'Léaslíne a Lorg : In Search of a Horizon'. Tugann 'Céim Ollmhór ar a Son Siúd atá Críonna : A Giant Leap on Behalf of the Elderly' amharc aorach ar mo chéad chuairt ar ár bpáirc áitiúil le linn na tréimhse a bhí dlite don lucht sinsearach am a bhfuair mé amach go raibh sí lán le daoine óga.

Tagraíonn 'Comhartha Dóchais : Symbol of Hope', faoi Thóirse Oilimpeach Thóiceo, don dán 'Meitheamh' le Shi Tao a bhí i ngéibheann agus an Tóirse Oilimpeach ag taisteal go Béising in 2008. Bhí an t-aistriúchán Gaeilge a rinne mé de 'Meitheamh' (*Aibítir Aoise: Alphabet of an Age*) mar chuid de shealaíocht fhíorúil aistriúcháin a d'eagraigh PEN Idirnáisiúnta.

Maíonn 'Toisc gur Bhásaigh do Shinsir den Ocras i dTír na Flúirse : Because your Forebears Died of Hunger in a Land of Plenty' nach dtréigeann scáil an Ghorta muid ariamh agus go mb'fhéidir gurb é sin, suas go pointe, is cúis leis an scaollcheannach. Fiosraíonn 'Turcaid : Turquoise' cruachás na Navachóch agus tugtar chun cuimhne an chaoi inar thiomsaigh Bundúchasaigh Mheiriceá airgead do na hÉireannaigh aimsir an Ghorta. Tugann 'Ní Aithníonn Galar Teorainn : Disease Knows No Border' spléachadh ar chúrsaí i dTuaisceart Éireann, faoi mar a tuairiscíodh sna meáin ag an am.

Déanann 'Caoi leis an Ord Tábhachta a Chaitheamh i dTraipisí? : A Way in which to Overturn the Pecking Order?' iniúchadh ar an gcaoi a bhféadfaí athrú chun feabhais a chur ar chúrsaí agus an phaindéim thart. Go pointe, is é *The Admirable Crichton*, dráma le J M Barrie (1902), a bhí mar inspioráid don dán sin. Rinneadh scannán de in 1957 a thugann spléachadh greannmhar ar chóras aicmeach Shasana.

D'fhéadfaí dánta próis a thabhairt ar 'Turcaid : Turquoise' agus 'Caoi leis an Ord Tábhachta a chaitheamh i dTraipisí? A Way in which to Overthrow the Pecking Order'. Seans gur píosaí splancfhicsin iad. Cibé ar bith, tá súil agam go dtugann siad, mar aon leis na dánta eile, léargas ar an saol le linn chéad ráig na paindéime Covid-19.

Acknowledgements

Thanks to Catherine Dunne, Lia Mills, Gráinne Ní Ghilín and Maggie O'Dwyer who read the first draft of poems in this manuscript. I am grateful to them for their advice and support.

The following poems, or earlier versions of them, were published online: 'Céim Ollmhór ar a Son Siúd atá Críonna' as part of the series *Dán an Domhnaigh* (Foras na Gaeilge); 'Na Sráideanna Úd ar Scáileán : Those On-Screen Streets' on pendemic.ie; 'You Know' on *The Perp Walk Decameron* (2020); 'Fírící : Facts' and 'Na Sráideanna Úd ar Scáileán' on *Poetry in Lockdown UCD.*

Gisele Wolkoff translated 'Léaslíne a Lorg : In Search of a Horizon' to Portuguese; Marina Bertani translated 'Éabha Brí na Beatha : Eva Meaning of Life' to Portuguese, and both read their translations on social media.

The following poems were published in journals and anthologies: 'Fírící', 'Is Eol Duit' and 'Gruaim' in *Comhar* (September, 2021); 'Caoi leis an Ord Tábhachta a Chaitheamh i dTraipisí? : A Way in which to Overturn the Pecking Order?' was published in *From the Plough to the Stars: An Anthology of Working People's Prose from Contemporary Ireland,* ed. Jenny Farrell (Culture Matters, 2020) and in *THE WORKING CLASS ANTHOLOGY: language,* ed. Sofia Amina (90:90 Press); 'One Giant Step on Behalf of the Elderly' in *ABEI Journal: The Brazilian Journal of Irish Studies,* v. 22, n. 2 (2020), ed. Mariana Bolfarine and Laura P.Z. Izarra; 'Léaslíne a Lorg : In Search of a Horizon' in *The Same Page Anthology* (Volume 1) curated by the UCC MA Creative Writing Class of 2020–21; 'Na Sráideanna Úd ar Scáileán : Those On-Screen Streets' in *Local Wonders* ed. by Pat Boran (Dedalus Press, 2021).

The following poems were broadcast: 'Éabha: Brí na Beatha / Eva : Meaning of Life' and 'Mo Lorg Carbóin : My Carbon Footprint' on *Poetry File* on RTÉ Lyric FM; 'Turcaid' and 'Toisc gur Bhásaigh do Shinsir den Ocras i dTír na Fliúirse' on Raidió na Life as part of the series *Teachtaireachtaí;* 'Fírící' on BBC Raidió Uladh as part of the series *Cóisir Filíochta.*

Buíochas le Catherine Dunne, Lia Mills, Gráinne Ní Ghilín agus Maggie O'Dwyer a léigh an chéad leagan de dhánta sa lámhscríbhinn seo. Is mór agam a gcomhairle agus a dtacaíocht.

Foilsíodh na dánta seo a leanas, nó réamhleaganacha díobh, ar líne: 'Céim Ollmhór ar a Son Siúd atá Críonna' mar chuid den tsraith *Dán an Domhnaigh* (Foras na Gaeilge); 'Na Sráideanna Úd ar Scáileán : Those On-Screen Streets' ar *pendemic.ie*; 'You Know' ar *The Perp Walk Decameron* (2020); 'Fíricí : Facts' agus 'Na Sráideanna Úd ar Scáileán : Those On-line Streets' ar *Poetry in Lockdown UCD*.

D'aistrigh Gisele Wolkoff 'Léaslíne a Lorg : In Search of a Horizon' go Portaingéilis; d'aistrigh Marina Bertani 'Éabha Brí na Beatha : Eva Meaning of Life' go Portaingéilis, agus léigh an bheirt acu na haistriúcháin ar na meáin shóisialta.

Foilsíodh na dánta seo a leanas in irisí agus i nduanairí: 'Fíricí', 'Is Eol Duit' agus 'Gruaim' in iris *Comhar* (Meán Fómhair, 2021); 'Caoi leis an Ord Tábhachta a Chaitheamh i dTraipisí? : A Way in which to Overturn the Pecking Order?' in *From the Plough to the Stars: An Anthology of Working People's Prose from Contemporary Ireland,* in eag. ag Jenny Farrell (Culture Matters, 2020) agus in *THE WORKING CLASS ANTHOLOGY: language,* in eag. ag Sofia Amina (90:90 Press); 'One Giant Step on Behalf of the Elderly' in *ABEI Journal: The Brazilian Journal of Irish Studies,* v. 22, n. 2, (2020), in eag. ag Mariana Bolfarine agus Laura P.Z. Izarra; 'Léaslíne a Lorg : In Search of a Horizon in *The Same Page Anthology* (Volume 1) in eag. ag UCC MA Creative Writing Class 2020–21; 'Na Sráideanna Úd ar Scáileán : Those On-Screen Streets' in *Local Wonders* in eag. ag Pat Boran (Dedalus Press).

Craoladh na dánta seo a leanas: 'Éabha: Brí na Beatha / Eva : Meaning of Life' agus 'Mo Lorg Carbóin : My Carbon Footprint' ar *Poetry File* ar RTÉ Lyric FM; 'Turcaid' agus 'Toisc gur Bhásaigh do Shinsir den Ocras i dTír na Fliúirse' ar Raidió na Life mar chuid den tsraith *Teachtaireachtaí;* 'Fíricí' ar BBC Raidió Uladh mar chuid den tsraith *Cóisir Filíochta.*

Scríobhann Celia de Fréine in iliomad seánraí i nGaeilge agus i mBéarla. Rugadh i mBaile Nua na hArda í agus caitheann sí seal den bhliain i mBaile Átha Cliath agus seal i gConamara. I measc na ngradam atá buaite aici dá cuid filíochta tá Duais Patrick Kavanagh (1994) agus Gradam Litríochta Chló Iar-Chonnacht (2004). Naoi gcnuasach filíochta atá foilsithe aici go dtí seo arb é *I bhFreagairt ar Rilke : In Response to Rilke* (Arlen House, 2020) an ceann is deireanaí acu. Tá go leor duaiseanna buaite ag a cuid drámaí a ndéantar staidéar orthu i scoileanna agus in ollscoileanna. Bhuaigh a scripteanna scannáin agus teilifíse duaiseanna in Éirinn agus i Meiriceá. Ainmníodh *Ceannródaí* (*Leabhair*COMHAR, 2018), a beathaisnéis de Luíse Ghabhánach Ní Dhufaigh ar an ngearrliosta don Irish Book Awards (2018) agus do Ghradam Uí Shúilleabháin (2019). Bhuaigh sí ACIS Duais Leabhar Taighde na Bliana i mBostún in 2019. Ainmníodh a scéinséir *Cur i gCéill* (*Leabhair*COMHAR, 2019) ar an ngearrliosta don Irish Book Awards 2020. In 2021 d'fhoilsigh *Leabhair*COMHAR *An Dara Rogha,* a húrscéal don aos óg.
www.celiadefreine.com

Celia de Fréine writes in many genres in both Irish and English. She was born in Newtownards and now divides her time between Dublin and Connemara. Awards for her poetry include the Patrick Kavanagh Award (1994) and Gradam Litríochta Chló Iar-Chonnacht (2004). To date she has published nine collections of poetry of which *I bhFreagairt ar Rilke : In Response to Rilke* (Arlen House, 2020) is the most recent. Her plays have won numerous awards and are taught in schools and universities. Her film and televison scripts have won awards in Ireland and America. *Ceannródaí,* her biography of Louise Gavan Duffy (*Leabhair*COMHAR, 2018) was shortlisted for the Irish Book Awards (2018) and for Gradam Uí Shúilleabháin (2019). It won the ACIS Duais Leabhar Taighde na Bliana in Boston in 2019. Her thriller *Cur i gCéill* (*Leabhair*COMHAR, 2019) was shortlisted for the Irish Book Awards (2020). In 2021 *Leabhair*COMHAR published *An Dara Rogha,* her young adult novel.
www.celiadefreine.com